AF586320

Résilience

Maël Lefrançois

Résilience

Poésie de l'Espoir

à Aurélie

à Éléonore

Semences

Y

Quand nous étions marmots en Nord-Pas-De-Calais,
En regard du Hainaut, à la Lys accolé,
Les glaces au Malabar étaient la panacée :
Au passage du camtar[1], les enfants s'amassaient !

Le tube jaune et rose renfermait un chewing-gum :
C'était l'apothéose, pour dix francs maximum !
Il ne se déclarait qu'une fois la langue transie,
Puis l'on s'en retournait à nos péripéties.

Dernière génération biberonnée aux livres
Avant l'apparition du Net qui devait suivre,
Nous maîtrisions le verbe et ses déclinaisons,
Et révisions le Bled[2] en nos petites maisons.

Mais si nous éprouvions la patience des aînés
À coups de rébellions - par les frères entraînés -,
Le Martinet sifflait, inéluctablement,
Sur le fessier enflé de l'enfant insolent.

Dans le logement rouge, nous restions enfermés
Quand venait un orage. Allait-il se calmer ?
Papa nous expliquait : « D'abord l'éclair survient... »
Le tonnerre qui claquait fait que je me souviens.

Un bref temps-mort devant un bol de chicorée
Et puis le pétrichor[3] imprégnait la courée[4] :
Plus question de sortir, demain c'était école.
Couchés pour le 20 heures ? Injuste protocole !

Quand l'entourage venait, il fallait tout ranger.
« Au ménage l'aîné ! Ne fais pas l'affligé !
La wassingue[5] passée, tu me pendras le linge.
Sinon, c'est la fessée, espèce de petit singe ! »

La troupe débarquait : des oncles et des taties.
Ils avaient un bouquet et des dents décatis,
Des Carambar, des chuques, des Bêtises de Cambrai !
Les lardons accouraient, et les grands se chambraient.

Pour peu que j'acceptasse d'avaler mes chicons,
La tante un peu bécasse, aux relents de Picon,
Nous payait la ducasse[6] ! La 205 garée,
On gagnait la Grand' place et sa foule bigarrée.

La famille sans fortune allait, en bons prolos,
En week-end à Bray-Dunes : nous nous baignions dans l'eau,
Bien souvent polluée ! Puis c'était la friterie,
Les gosses exténués et direction Paris.

Parfois c'était Calais : on suivait l'Hovercraft[7]
Partant chez les Anglais. Je te revois qui cafte
Lors de ces escapades, quand je lève l'impôt
Sur ta bonne carbonade, Ô mon frère, mon capo[8] !

Si l'on avait le temps, on roulait à Berck-plage
Pour voir les cerfs-volants filer sous les nuages.
Il y avait un coin bizarre et interdit
Où des gens mal-en-point enlevaient leurs habits !

Chahutés par le vent, quel plaisir d'arpenter
Le sable se soulevant en traînées argentées !
Les chars à voile striaient l'étendue infinie...
Jusqu'à se voir défiés par la marée honnie !

Sur les trajets retour, ça sentait la patate.
« Étranger qui laboure quand je gagne mes pénates,[9]
N'a-t-on rien de suave à faire pousser ici
Que poireaux et betteraves ? Comme tu me supplicies ! »

Tous ces juteux poireaux finissaient en rata[10],
Cuisiné pour ou contre nos *desiderata.*
La marmite durait une semaine entière,
Sans cesse améliorée à grand renfort de bière !

À l'école du Bourg, on pendait par les pieds
L'élève au mulet court qui avait mal copié.
La Fontaine harassait stylos-plume et buvards,
Et le Maître haranguait les écoliers bavards.

Billes, pogs et jojo's[11] s'échangeaient à la récré
Contre quelque ecchymose. Sans raison, on courait
Partout ; on chantait des comptines en attendant
D'aller à la cantine solliciter nos dents.

Grâce aux bons de la CAF[12] finançant la colo,
On pouvait fuir les baffes et l'ambiance alcoolo.
Mais en arrivant au Mont des Cats j'angoissais,
Me remémorant le cas du *petit Poucet* !

En groupe nous nous rendions aussi au carnaval :
Les géants en carton, gardiens du littoral,
Surplombaient le public sous une pluie de harengs ![13]
Retourne en ta boutique, Poisson belligérant !

C’est à-peu-près tout ce qui me revient, Camille,
De l’antédiluvien souvenir de famille.
Le Nord était ainsi. Peut-être encore l’est-il ?
Notre âge adulte vicie l’innocence infantile.

Le delta de ton cœur qui saigne d’amertume
Charrie, Petite Sœur, tout ce qui nous consume.
Il est temps de laisser à son sort la mémoire,
Car nous sommes désormais porteurs de beaux espoirs…

Les BN à la fraise, la mousse au chocolat,
Les japoniaiseries et les deux parents las…
Tout ce que nous avions est passé par les larmes.
Tout n’est plus qu’alluvions bercées dans les eaux calmes

De nos vies.

Au secours populaire !

Un homme construit s'engouffre, en longues enjambées,
Dans une grande surface où les prix ont flambé.
Des bénévoles lui tendent des sachets minuscules ;
Il refuse poliment et fuit le groupuscule !
Étrange conduite, car les clients, normalement,
Acceptent d'étaler, sous forme d'aliments,
La générosité dont ils s'enorgueillissent :
Cinq cents grammes de pâtes, une boîte de saucisses...

Il navigue entre les rayons.

Chaque mois, vient le moment que je redoute le plus :
Nous allons quémander, et cela me révulse...
La banque alimentaire se verra assaillie ;
Aux yeux de l'enfant fier, les aînés ont failli !

Onze années ont passé depuis le placenta.
Mon règne y surpassait celui d'un potentat[14] !
Le malheur a surgi comme une malédiction,
Et l'honneur, lui, subit ce lot de privations...

Mon royaume aujourd'hui : un matelas par terre ;
La chambre d'un réduit aux arômes de misère.
J'ai pour moi l'intellect ; aucune autre richesse
Que l'encre et le papier, qui seuls ont ma tendresse.

« Oui, je prends le gros sac ! » : partons ravitailler
Le semblant de bivouac que l'on prétend foyer...
L'aller sera rapide, au contraire du retour :
Une fois l'âne chargé, son allure est bien lourde !

Trente minutes plus tard, dans une rue délabrée,
Nous voici au hangar des foules désemparées.
L'habitude m'oblige : j'attends à l'extérieur...
Ma servitude se borne à faire le porteur !

En effet, certes pauvre, j'abhorre me mélanger
Aux misérables épaves réclamant à manger.
La génitrice va donc remplir notre besace ;
J'ai le regard abscons d'un juge qui rêvasse.

Adulte, le temps viendra où c'est au restaurant
Que je ferai repas, attablé, savourant
L'indépendance acquise au bout de ce périple.
Personne n'aura d'emprise sur moi, je l'anticipe !

Au collège on nous ment : les enseignants martèlent
Que l'argent tombera si chauffe la cervelle !
Mais en réalité, les cours ne servent à rien
Pour l'élève englué en milieu galérien…

Ici cancre et premier partagent les mêmes eaux :
Une ancre à leur cheville les garantit égaux.
Mieux vaut serrer les dents, coincé dans ce grand bain !
Se languir patiemment de gérer son destin…

Ah ! Voici par kilos gratuits, les victuailles
Contemptrices de mon dos. Elles y font des entailles…
Le drapeau de l'Union évoque, sciemment floqué,[15]
L'absence de la Nation qui me laisse couler.

Je croule sous les denrées : la mère a d'autres plans.
« On m'attend en soirée, rentre à l'appartement ! »
Ris bien de mes déboires sans flairer que, majeur,
Je trouverai l'espoir en te fuyant, rageur !

Lesté de ses emplettes, notre Homme construit brandit
Une semaine de vivres, qui comble le caddie.
Aux « merci », il réplique par un bref grognement :
Quelle tête de bourrique ! Il s'esquive prestement.

La belle contre le Laid

Dans la ville oppressante, l'artisane passionnée
Dégringole, grimaçante et se pinçant le nez,
Sous le sol de Charpennes[16], en retard : quelle allure !
Ses bottines l'emmènent au salon de coiffure.

C'est au talon d'un bloc au parfum seventies
Qu'elle purge notre époque de bien vaines hantises.
Elle accroche son manteau - bordeaux ton socialiste[17]-,
Puis dresse ses ciseaux coûteux de spécialiste.

La dame vit au travers des contes qu'on lui fait,
Transportée par le verbe des clients décoiffés ;
Prisant les identiques, sempiternels récits
Des bavards amnésiques dont point la calvitie.

À la chaîne, elle reçoit ces narcisses exigeants,
Lesquels, louant ses doigts, en veulent pour leur argent.
Les ramifications des cerveaux capricieux
S'échappent de leur peau sous forme de cheveux !

« On va vous arranger et faire quelque chose…
Monsieur voudrait changer ? Essayons-les en rose ! »
S'ensuit une discussion : ces phrases, programmées,
Animent le salon comme filent les années.

Les têtes sont ses œuvres, qu'elle apprécie soigner
De ses huit bras de pieuvre… jusqu'à s'exténuer !
Mais, quelle satisfaction, quand, dans le grand miroir,
Elle voit la guérison vaincre le désespoir !

Loués soient qui se vouent aux plastiques d'autrui !
Louée qui se dévoue aux coupes symétriques !
Que par vos durs labeurs, nos tristes sociétés
Défassent la laideur qui gagne nos cités…

Un corps particulier

La peau sur les os, deux ouvertures au flanc,
Voici mon paternel servi sur un plateau.
Malgré son air pâlot on le croirait ronflant !
Simple coquille charnelle, exposée sans paletot...

C'est mon devoir de nettoyer l'être meurtri :
Selon un rituel archaïque et tribal,
L'aîné doit le choyer. Ce fardeau me contriste...
J'aide à tes ablutions, Caïd, et on t'emballe !

Sans-le-sou, il est mort, délaissé par ses proches ;
J'efface l'humilié comme je cloue son cercueil.
Nonobstant l'avis des dévots et leur cinoche,
J'ai glissé son collier contre le mauvais œil !

J'hasarde une main molle sur le bois bas de gamme ;
Me démets : ce n'est plus qu'un corps réfrigéré.
Le corbillard s'en va pour les terres polygames ;
Et je mettrai des années à tout digérer.

Promeneur sans destin

Jurant gagner London par le pays des Francs,
Le voyageur claironne, un peu trop triomphant :
« J'irai chez les colons qui ont pillé l'Afrique :
Nous sommes des bataillons ! Adieu terres iniques ! »

Sur ce, il entreprend de voguer vers le nord ;
Les moins prospères seront passés par-dessus bord.
Mais voici qu'un bateau-taxi les récupère :
Les bonnes intentions pavent les contrées de Voltaire !

Accueillis en héros, lui et les naufragés
Logent à l'hôtel. « C'est louche ! » : ils reprennent leur trajet.
L'homme arrive à Calais, étape avant Albion
Dont le narguent les falaises ; où s'échappent les camions !

Cela dure des semaines ; tous ici s'impatientent.
Cet État schizophrène leur fait livrer des tentes,
Emploie des anarchistes pour leur servir la soupe,
Puis sonne ses spécialistes pour disperser les groupes !

Le vagabond se penche sur sa situation.
De traverser la Manche, il a interdiction ;
Pour autant on refuse qu'il puisse rester en France ;
Mais il n'est renvoyé, et même, on le finance :

En demeurant ici, l'Impôt le rémunère !
« Laissez-moi donc passer, aller en Angleterre ! »
Ultime bizarrerie quand viennent les engelures,
Les soins s'avèrent gratuits au milieu des ordures...

Le visiteur paria, à force d'insuccès,
Redescend à Paris : il va se ressourcer
Avec ses camarades dépourvus de patrie.
De nouveau Stalingrad rime avec sans-abris !

Un jour passe une brune au sourire imbécile :
D'une voiture électrique, elle leur fait de grands signes !
« On ne vote pas pour toi, nous ne sommes rien du tout !
—Madame ! Trouve-nous un toit ! Accueillez-nous chez vous !

—Ô vacanciers d'ébène ! Je ne peux recevoir
L'entière détresse humaine dans mon humble manoir !
Une solution arrive, en attendant partez...
Nous accueillons dans quelques mois les Jeux d'été ! »

La Ville, gargarisée d'obsessions bienpensantes,
Révèle donc sa pensée : « Exfiltrez-les du centre ! »
Dans une chorégraphie qu'on a voulue nocturne,
On les égare dans de distants camps de fortune.

Notre protagoniste y est dans de beaux rats !
Un ami, qui le piste depuis le Sahara,
Propose en ricanant un moyen d'évasion :
Les petits cailloux blancs[18] emportent sa raison.

Au patronyme évanescent

Il a été lourd à porter :
C'est sans regret que je liquide,
Opiniâtre théoricien,
Ce patronyme des anciens ;
La fierté des Almoravides[19] !

L'ancêtre s'était invité
Dans le vieux pays régicide,
Avec l'espoir d'un maroquin
Dans un ministère kafkaïen
Qui s'en débarrassa, perfide.

Derrière la Méditerranée,
Balloté de Marseille à Lille,
Il fut affecté à Roubaix[20]
Pour éduquer les âmes serviles
Et la cohue de leurs bébés.

Il a suffi de trente années
Pour que cette tribu indocile
Rejette l'héritage épais
Qui nous faisait indivisibles :
Ainsi vole en éclats la paix !

Aussi, sans scrupules aucun,
Je rends mon nom problématique
Pour me fondre, républicain,
Dans l'indistinction ethnique !

Le cerisier japonais

Dans un petit jardin donnant sur la Belgique,
S'élevait avec nous un arbre magnifique.
En mars, les pétales, éphémères, chutaient en nombre :
Quel grand matelas rose, quelle parfaite hécatombe !

L'amour du cerisier dut lui sembler pénible.
Nous prenions des couteaux, en faisions notre cible ;
Écorchions sa peau : je culpabilisais.
Souffrait-il des supplices de trois marmots frisés ?

La fratrie se pendait à ses branches solides ;
En retour il griffait : quelle écorce rigide !
Juchés dans notre monde, dur de nous déloger
Quand l'ordre était donné de descendre manger...

On construisait là-haut des cabanes farfelues,
Fatras de chaises, de cartons, de draps ; n'en déplût
Au voisin fou qui pilonnait cette position
Grâce aux mêmes cailloux que nous lui balancions...

Puis nous fûmes déchirés par les problèmes des grands,
Qui sont nos ennemis quand vient le manque d'argent :
Je dus faire mes adieux à l'ami végétal ;
Une seule fois, de dehors, je revis ses pétales.

Rétrogradé dès lors dans un appartement -
Une fatalité pour les gens de mon sang -,
Je n'eus plus jamais d'arbre, plus jamais de jardin :
On s'empila en tours comme autant de gradins.

Aujourd'hui tant de mois de mars ont disparu !
Le pauvre cerisier n'y a pas survécu.
Les clichés satellites sont on ne peut plus clairs :
Je connais les limites où nous grandîmes hier.

Cet être fantastique à l'envergure immense,
Qu'a-t-il pu ressentir ? N'allait-ce que dans un sens ?
Il vit dans les méninges dont je fais l'examen ;
Peut-être le rejoindrai-je dans un Éden commun...

Madame Karataïev

L'octogénaire attend ; les souvenirs s'effacent.
Impitoyable, le Temps n'est pourtant qu'une farce
Pour celle dont sont issus – car telle fut sa fonction –
Quatorze individus : pesante collection !

Elle réprimande le chat, l'unique compagnie :
Les jeunes, ayant le choix, fondèrent d'autres familles.
L'animal, audacieux, investit la maison,
Fort du départ du vieux tombé en déraison...

Un de ses descendants – dont point rarement le nez -
Trépigne, les heures passant, lentement égrenées !
Chaque son de la pendule lui inflige le supplice ;
L'impatient gesticule : que ce repas finisse !

« Ne serais-tu, Mamie, plutôt qu'en ta bicoque,
À la mer mieux lotie ? Un logis vers la côte,
L'astre resplendissant ; l'été perpétuel ;
Les dauphins bondissant de leur bain arc-en-ciel...

–Tu sais, ma vie est faite. Je ne veux rien de plus
Que mon toit sur la tête et mon matou repu.
Dresser cinq chérubins, nourrir ce petit monde...
Je me repose enfin d'avoir été féconde !

Soixante ans que, majeure, je fus prise comme femme.
Qu'elles sont loin les images des cousins, de la ferme...
J'ai soldé mon devoir : mon époux m'a quittée.
C'est la fin de l'histoire, ma dette est acquittée. »

À ces mots, le novice a une révélation :
Voici donc la notice de la satisfaction !
Vivre pour son foyer, se dévouer chichement ;
Accepter de ployer dans les derniers moments...

Par l'amant arrachée à ses terres auvergnates,
Rurale amourachée, puis urbaine Pénate[21],
Elle veilla son mari jusqu'au souffle final ;
Mérite le répit de l'œuvre matrimoniale.

Son naturel reprend désormais le dessus :
Fripes de paysan et soupers bien menus ;
Les objets superflus, donnés aux quatre vents ;
Et la belle âme reflue vers ses années d'enfant.

Prisonnière du grand âge, elle consent à son sort,
Armée du pur courage de qui ne craint la mort.
Cette noble leçon frappe le visiteur ;
Il repasse le perron de la triste demeure.

En remontant la rue dans laquelle rien ne bouge,
Il voit qu'ont disparu des baraques en briques rouge.
Un jour, maisons, trottoirs, et tous les habitants,
Ne seront que mémoires, poussière ; et puis néant.

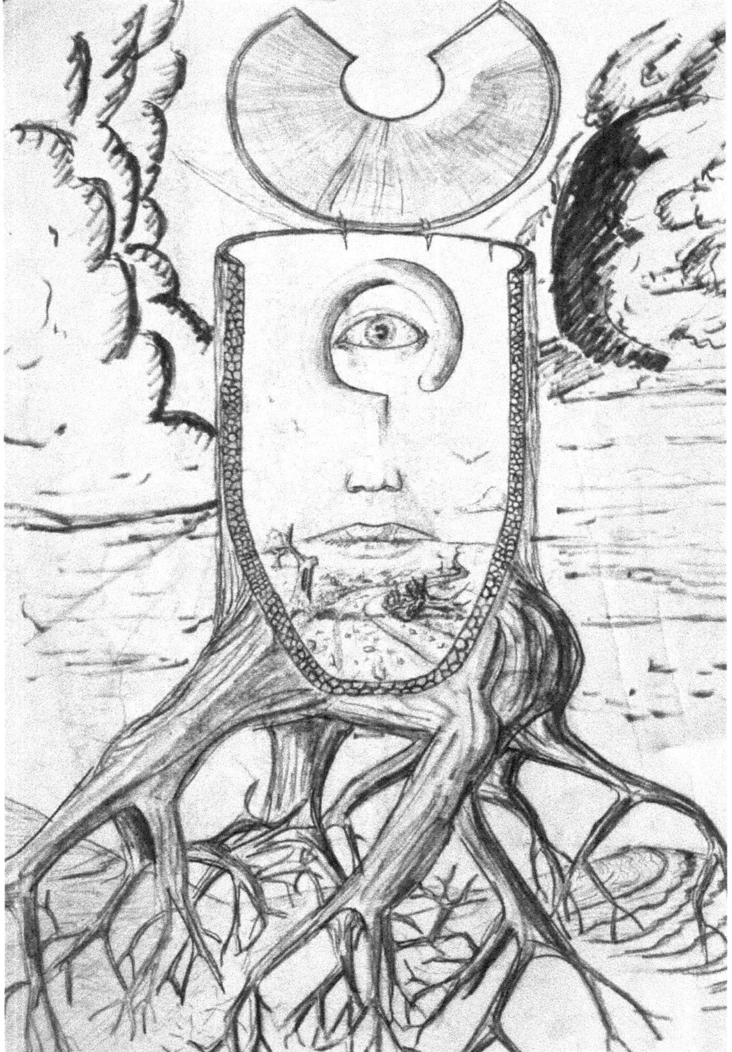

Pieds nus sur sol brûlant

Il existe une terrasse dans le quatre-vingt-trois,
Enserrée par un bois, pré carré des rapaces.
La vue offre une masse de pinède qui verdoie ;
De fiers mas que tutoient cent restanques[22] en caillasse.

En contrebas, rôtissent les cagoles[23] à l'accent,
Proposées, languissantes, aux yeux chargés de vice.
Parfaites, elles assouvissent les espoirs indécents
D'un jeune homme, omniscient du quotidien des miss.

Et toutes ces piscines inconnues des impôts ?
Les satellites-suppôts épaulent la Rapine...
Que le pauvre s'échine à marcher, sans repos,
Jusqu'à l'humble Gapeau[24] et ses eaux cristallines !

Une départementale fend la vallée en long,
Moquant les cabanons du néant cadastral.
Quelques minots pédalent sous le soleil de plomb ;
Les retraités espions aimeraient qu'ils détalent.

Passé le crépuscule, une chape bleu marine
Enrobe la colline : plus rien ne gesticule
Qu'un poète noctambule dont les pensées fulminent.
Sous la voûte divine, qu'il se sent minuscule...

« Ô météores filant, heureux, vers vos suicides !
Ô belles Perséides[25], griffez le firmament !
La mésosphère[26], brillant de votre génocide,
Consume les impavides qui goûtent à ses tourments ! »

Très tôt le lendemain, le patelin s'éveille :
Ce qui n'était, la veille, qu'un mégot mal éteint,
Grignote ce matin des hectares de merveilles !
N'accuse pas notre étoile, visiteur importun...

Mais les solides pompiers abrègent la souffrance
Du beau morceau de France, aidés d'un bombardier !
Tout sera oublié aux prochaines vacances :
Au Sud est l'insouciance ; en chacun des foyers.

Fragments de pauvre

Plongé en société comme l'œuf dans l'eau bouillante,
L'angelot que j'étais s'est enfui : Sommeillant
Par-delà la cervelle qui suinte ma psyché,
Remonte, petite civelle[27], le flot de mes pensées !

Place au grand, déjà mûr, responsabilisé,
Qui relève le courrier dans le hall anisé.
Ce monde semble bien dur, même pour les adultes,
Ô marâtre arriérée dont j'entends les culbutes !

Ici pas de jardins, d'aventures, de fêtes...
Les bourgeois citadins à la denture bien faite
Ne peuvent concevoir, dans leurs vies parallèles,
Que se commet dehors un Enfer éternel !

Que j'abhorre ces chanceux qui parcourent la planète !
Ils ont tout, paresseux se contentant de naître...
Leurs vies stagnent, oisives : dépassons-les d'ardeur !
La haine, la jalousie... Ne suis-je que rancœur ?

Il faut se surclasser, et non les détester...
Des émotions, je dois pouvoir me délester,
Afin de surmonter les obstacles infernaux
Que j'affronterai ganté pour quitter ce fourneau !

Serein, je siègerai aux côtés du garçon
Que je fus brièvement : montons le canasson
Maussade que constituent mon corps et mon esprit !
Une façade : la réussite est à ce prix...

****

Possédé par lui-même, l'automate insouciant
Avance et se démène sur la sphère putrescente.
Quelqu'un lui adresse la parole ? Il lui répond,
Souriant et frivole, dans un jeu d'illusion.

On ne sait cependant trouver la consistance
De cette fable ambulante ! Acteur de circonstance,
Carcasse passée au feu, vide de toutes entrailles :
Derrière les mimiques, rien sous l'épais poitrail !

Ce grand corps lézardé est en fait le fusible
D'une âme désincarnée, comme sous psilocybes[28].
Un attelage baroque qui prétend au bonheur,
Et encaisse les chocs et les affres sans peur...

La pièce maîtresse du jeu, abandonnant ses pions,
Laisse le débris fangeux en certaine perdition :
Tel un soldat sans maître, le robot débridé
Ne stoppera sa guerre qu'une fois démantelé !

Cette conscience fuyarde a bien sûr ses raisons :
Ici-bas ne sont que matières à pendaison !
Partout sont la douleur, les pleurs, le désespoir ;
Or elle ne souffre plus, bercée par le brouillard...

Car craignant le chagrin, l'âme s'est calfeutrée.
C'est là sa loi d'airain[29] : nul ne l'a rencontrée !
Réfugiée depuis tant d'années dans de doux songes,
Elle laisse son âne trimer, supportant ce mensonge...

Qu'elle doit être apaisée dans l'autre dimension,
Où rien ne peut l'atteindre sur son lit de coton !
Qui veut d'ailleurs subir ce monde gangréné,
S'il suffit de dormir sur commande, et rêver ?

Pourquoi dès lors reformer un semblant d'humain ;
Convaincre l'entité torturée que demain
Les gens seront tous beaux, heureux, que la Bonté
Irriguera les cœurs de toute la société ?

Le rêve est infini dans le temps et l'espace.
L'âme lui est semblable : c'est là-haut qu'est sa place !
La maline se terre ; on connait le motif ;
On la devine parfois dans l'œil contemplatif.

Le dernier Noël

Il était une fois un sapin sans pareil :
Son branchage renfermait de nombreuses merveilles,
Pour peu qu'on acceptât, tel ce petit garçon,
De travailler un peu son imagination !

Cette année, dans la peur, l'enfant rapetissait :
Dissimulée aux spectateurs non-initiés,
Une société grouillait au sein de la ramure...
Magie de l'univers taillé à sa mesure !

Quand venait le grabuge, il gagnait sa demeure,
Une sorte de monde-refuge loin des enquiquineurs.
Tremblant de leurs querelles, il les exorcisait
À l'aide de figurines qui, elles, se maîtrisaient.

Il guidait ses Indiens, ses soldats en plastique,
Et même des dinosaures qui semaient la panique !
Sur les chemins de bois ces troupes gesticulaient,
Déchaînant pluie d'épines et grands coups de balai...

Quelles étaient les pensées de ce mioche à genoux ?
Sous sa moue innocente, ne devenait-il fou ?

Je veux vivre dans un arbre
Avec de la mousse
Comme dans les contes
Et je veux que ça sente bon la forêt
Et ce sera toujours la nuit
Et je ne veux plus de cris
Et je veux qu'on m'aime bien parce que
Je ne suis pas sûr
Elles sont belles les boules ce sont les astres
Ça tourne et ça brille
Le soleil tombe et rebondit dans un son creux
Sur le plancher des humains
Il ne faut pas tirer la guirlande
Je voulais faire les neuf planètes
Pourquoi je suis le seul à voir tout ça
Ils sont tous partis et en haut ça crie
Ça frappe comme sur un tambour
Et on sursaute
Le sapin il rassure on ne voit plus rien
Au milieu d'une forêt
Ça sent bon la pinède
Maman doit partir avec son fils
Je veux rester dans le sapin
Mais je ne peux pas
Il va falloir partir
Ne plus
Jamais
Revenir

Ce qui sommeille en nous

Au centre d'un village modeste du Beaujolais,
Une cabine qui, jadis, servit les Télécom,
Est désormais l'office de professeurs aphones :
On trouve là les ouvrages dont c'est le mausolée.

L'un d'entre eux se distingue des vieux romans de gare.
Les empires y valdinguent, les peuples se bagarrent...
Nulle main, a priori, ne veut plus feuilleter
L'addition de tueries qui fit l'humanité !

Les conscrits de tous bords reposent en ce registre.
Ils apportaient la mort ; l'Histoire est leur arbitre.
Un condensé honni de crimes à grande échelle,
Dont le papier jaunit et la tranche se morcelle.

Ces vies, ces corps meurtris, écourtés par l'horreur...
Valait-ce vos patries, Ô chair à dictateurs ?
N'auriez-vous préféré aux époques bellicistes
Nos combats non-genrés, notre Europe pacifiste ?

Que dis-tu, livre désuet ?

« Frère simien, j'ai fendu ton crâne pour ce point d'eau :
Tu t'es bien défendu, mais je vois ton cerveau...

—Sapiens brisons les reins de ce Néandertal.
Dans la course à l'humain la bêtise est fatale !

—L'illustre Pharaon détruira les Hittites[30],
Que seuls survivent l'éclat et le nom de l'Égypte !

—Au goulet des Thermopyles, s'étranglent les Perses.
Nos cadavres s'empilent et personne ne traverse !

—Hannibal[31], vieux compère ! Pourquoi n'avoir pris Rome
Quand, derrière ses remparts, elle se terrait, atone ?
Tes héritiers, ce soir, savent les rôles inversés.
Sans pitié, sans espoir, soyons donc effacés !

—César assassiné ? Par les Républicains !
Une fois éliminés ces suppôts du déclin,
Nos glaives et nos navires, dans un conflit ultime,
Diront quel Triumvir est le plus légitime !

– J'entends le chant du cygne hunnique...
Où sont les champs catalauniques ?[32]

–Rollon[33] nous a mené en ces terres généreuses :
Nous nous installerons par l'épée victorieuse !

–Ce bourbier d'Azincourt est une pataugeoire...
Destriers et hommes lourds, l'Anglais vous fait passoires !

–Je n'ai peur des boulets qui balaient mes collègues,
Car l'honneur, c'est tomber au bon vouloir de l'Aigle[34] !
–L'artilleur Gazovitch voit dix mille cavaliers
Déferler sur sa vie : peut-il les dévorer ?

–Passchendaele[35] est un trou où s'asphyxient, pour rien,
Des soldats de partout : asiatiques, australiens...
La guerre, exacerbée, se fait industrielle...
Cinq cent mille macchabées souffrent la vue du ciel !

–Encerclés par ces chars, que peuvent nos fusils ?
Le troupeau revanchard du guide des nazis
Rançonne le continent. Mais nous résisterons,
Comme hier, à l'Allemand... Aux armes compagnons ! »

Qu'il est bon de s'éteindre à force de convictions !
Que l'on aime à répandre la sève des nations !
Notre sang fertilise les domaines ancestraux ;
Les champs que viabilisent en défenses nos héros !

Les cercueils sont rangés au recommencement :
Le deuil est digéré. Puis, compagnes et enfants
Prolongent la destinée de nos règles, de nos lois ;
Et des ruines surannées émergent de nouveaux rois !

Existences

Le mollasson

Nu, le dormeur ouvre les yeux comme il entend
Le vacarme des premiers cars et habitants.
Tandis que la rumeur remonte à son plumard,
Les nombreux travailleurs cafardeux et bavards

Qui sacrifient santé, familles et sympathie,
Pour des émoluments qui resteront petits,
Sont loin d'imaginer que, derrière ses rideaux,
Le fainéant va replonger dans le dodo !

D'un geste mou et malhabile, ce comateux
Enveloppe sa tête dans un linge crapoteux,
Se dérobant ainsi aux rayons du Soleil
Qui chaque jour s'acharne à pousser au réveil.

Il va maintenant regagner la dormition,
Tel gisant de Chabot[36] en drôle de position.
« Que ne peut-on passer, affalé comme un phoque,
La jeunesse précieuse, à l'image des vioques !

Dois-je cesser d'exister pour ne plus être à bout ?
Ce vacarme incessant me conduira debout ! »
Il se rendort alors, paisible sans-emploi,
En un délai record qui confine à l'exploit.

Au mitan du matin, le ronfleur du lundi
Est de nouveau levé (il n'est même pas midi !) :
La sonnette a tinté. « Imitons l'homme mort,
Plutôt que s'empresser dans le long corridor !

Qu'importe la raison, rien ne peut justifier
De m'avoir arraché au songe sacrifié,
Dont le doux souvenir déjà se désagrège :
J'aurais ronflé mille ans, et voici qu'on l'abrège ! »

Définitivement éveillé malgré lui,
Sans intention pour autant de quitter le lit,
Il se décide à commander une pizza
Qui sera promptement délivrée par « Hamza ».

L'immigré éreinté, parvenu à la porte,
Discerne à l'intérieur la voix de l'homme-cloporte :
« Déposez ça devant, vous êtes bien courageux !
Me concernant, la canicule me cloue au pieux. »

Le livreur reparti, le paresseux échoue
À mobiliser son squelette en caoutchouc,
Et retombe immanquablement en somnescence...
Non sans nous partager une dernière fulgurance :

« Je sens que l'on m'épie ; Ô mateurs indiscrets,
Sachez que j'assume de croupir invertébré :
La collectivité décaissera toujours
Pour défrayer la part du peuple qui savoure !

Courageux tributaires de l'Impôt, désormais,
Quand rageux à l'aurore vous partirez trimer,
Méditez à l'envie qu'au-dessus de vos nez
Ceux que vous financez font grasse matinée ! »

Bloc bourgeois

Masques, capuches, chants révoltés...
Ces jeunes haïssent la Société.
Leurs parents ont de bons salaires :
Pourquoi singer ceux qui galèrent ?

Lestés de décontaminant,
De slogans bêtes – quoiqu'entraînants ! -,
Portés par la haine, ridicule,
D'un système qui fait leur pécule,

Ils choisissent les vitres à briser :
Fast-foods, banques sont vandalisés,
Tout comme les boutiques de vêtements,
Qu'ils pillent avec les indigents.

Combien de ces privilégiés
Se destinent à les diriger ?
Ils mésestiment la populace,
Infiltrée pour couvrir la casse...

Sciences-Potiches, étudiants en Droit,
En écoles de « commerce »... La Loi
Ne s'applique pas à leurs profils :
Ils sortent libres, c'est si facile !

Après avoir un temps joué
Aux pouilleux, ils filent, éprouvés,
Refaire le monde sur les quais,
Laissant des cadavres à l'excès.

L'État n'a qu'à bien se tenir :
Samedi prochain, ils feront pire !
Un échange de coordonnées,
Puis tous se quittent : l'heure a sonné.

Accueillis le soir par Maman,
Qui nettoiera leurs déguisements,
Ils s'en défont à la va-vite
Et reprennent leurs vies parasites.

Ainsi frissonne la relève
Des nantis que personne n'élève...
Seront-ils un jour engloutis
Par leur violence aboutie ?

Quelques citadines

Installés en terrasse en regard de la rue,
Deux vieux salauds bavassent de choses d'hommes en rut.
La serveuse est timide, arrosée de billets :
Quelle manœuvre perfide pour la déshabiller !

Une obèse s'assoit, comme saucissonnée ;
En jupe et en cuissardes elle semble chevronnée...
Son marmot l'accompagne : il boira un soda,
Et Maman une pinte. Il est en pyjama.

Sur le parvis d'un temple, à un jet de canette,
Des dépravés harcèlent les femmes en goguette.
Les victimes, imbibées, accélèrent le pas :
Quoique désinhibées, évitez le trépas !

Une avocate saoule s'est réfugiée au bar.
Échappant à la foule, elle attend son Uber.
Le sac et le manteau valent bien trois salaires...
Le patron, innocent, lui impose une bière.

Les temps sont vraiment durs pour la gent utérine !
Le samedi se termine : minuit vient calmement.
Bientôt les hommes feront partie des proies nocturnes,
Pourchassés à leur tour par la meute importune...

Le nettoyeur de l'esplanade

« Au Sacré-Cœur, sur une tournée,
Mes confrères font plus de monnaie ! »,
Pense le trimardeur provincial :
Fourvière[37] est son lieu de travail.

Sondant les vieux, les étrangers,
Aux portefeuilles bien mal rangés,
Il préfère, vicieux, les touristes,
Qui n'ont qu'un œil, tourné vers l'Est.

Voici qu'il est interrompu ;
On le rouspète et rien de plus...
Il poursuit dès le lendemain :
Ici, on respecte le turbin.

Le gâteau attire l'invité :
Pourquoi changer d'activité ?
Qui se lève tôt tous les matins
Peut s'arroger ce beau butin !

Les hommes du XIXème

En ce soir de décembre, au bord du long canal,
L'Éthiopien famélique se morfond dans le froid.
Un riverain bobo, chargé de victuailles,
L'ignore superbement ; à son grand désarroi !

C'est qu'il y en a trop pour le peuple de gauche...
Que fait devant son hall cette bête aux yeux hagards ?
Espérant en secret que la police le fauche,
Il évite soigneusement de croiser son regard !

Une fois sur son perchoir, ce soucieux rapace
Espionne et puis savoure : des flics sont arrivés,
Ils abordent le migrant. Sa joie s'estompe, hélas :
Ils lui offrent un plat chaud et reprennent leur virée !

L'homme du camp du Bien ne peut le concevoir :
Ces miliciens sont évidemment l'exception...
Il préfère effacer la scène de sa mémoire,
Et s'en va déguster un tartare de poisson.

Que la vie est douce au quartier de la Villette :
On s'y pose aux terrasses des bateaux, des bistrots.
Mais quand les miséreux importunent les esthètes,
Ces derniers s'en offusquent : de gauche, mais pas trop !

Ponction publique

Passons sous les immenses fourches caudines de Bercy[38] ;
Voici l'argent du contribuable en sursis :
Un édifice hideux, des travaux infinis...
Et nous, honnêtes gens, rampons dans nos guenilles !

On peut ne craindre la Mort, ni la Loi, ni les Hommes,
Et se faire tout penaud devant les Économes
Qui épluchent, à l'instar de quelque exemple illustre,
Les légumes les plus sournoises qu'on nomme ministres !

Nous accueillons l'impôt comme l'extrême-onction :
Ce pays ne tient qu'à un pouvoir de ponction
Que l'on exporte même aux nations en banqueroute !
Adieu paiements en cash de Pyrgi à Beyrouth...[39]

Pauvres de nous, trimeurs sincères, mais trop bouffis !
Ce n'est pas le cas des fonctionnaires du profit,
Gens maigres et retors comme autant d'ardillons
Qui ne lâchent leur prise...

Ils nous ont vus ! Fuyons !

Trois arrêts

Quelle est cette trombine sur la vitre du métro,
Masquant à peine, hyaline[40], les câblages ancestraux
Qui défilent infinis dans le souterrain noir ?
C'est moi. Mais il y en a d'autres, dans ce miroir !

Un quadragénaire, dans le rôle du miséreux,
Agitant dans les airs un carton salpêtreux,
Exagère un silence pendant quelques secondes
Et déclame son pitch à la foule moribonde :

Personne ne donnera. Car, comme moi, ce ne sont
Qu'usagers pauvres, ingrats, ou ados polissons.
Ses traits tirés, le mendigot fait peine à voir.
Une mine recherchée : les gogos doivent s'émouvoir !

Les portes coulissent ; du wagon l'homme redescend,
Puis va solliciter les harpagons suivants.

L’avion qu’on matait, indécent, sous le menton,
Sort également, les seins en tête du peloton !
Il faut bien s’échapper tant l’ambiance est malsaine
Pour la jolie pépée qui quitte donc la scène.

C’est bien dommage, me dis-je, pour qui sut apprécier
Le fuselage malgré cette atmosphère viciée.
Elle avait un haut vert, et deux jambes et deux bras ;
Une légère vêture : sa tenue de combat.

Celle des femmes libérées du pénible carcan
Que les tyrans imposent mais dégrafent impatients !

Un vieillard à lunettes, chichement accoutré,
Ne semble se remettre de cette fuite orchestrée.
Il grommelle dans son coin contre la nouvelle jeunesse,
Mais n’aurait refusé de palper certaines fesses !

Il réclame mon soutien pour descendre au prochain.
Le terminus le guette malgré ses trois vaccins...
Tu es bon pour l’EHPAD, cadavre en devenir,
Mais je daignerai t’aider à d’ici sortir !

Je le prends sous l'aisselle et le fais se lever...
Le voici qui chancelle ! Tâche de te motiver !
Les gens les plus malins ayant quitté la rame,
Reste un semblant d'humain, qui inhale sa came.

Le courage n'étant pas une de mes qualités...
Je m'enfuis également : je finirai à pied !

Daiquiri

Avenue Porte de La Chapelle
Évoluent, migrants pathétiques,
Les habitants périphériques
Et policiers qui interpellent.

Le véhicule expectorant
Du parisien vitupérant
Joue la musique du matin,
Qui le conduira à Pantin.

Et ce quotidien, frénétique,
Berce le travailleur errant.
Dans l'accablement exotique,
Il est sept heures du matin.

Une bétaillère

Ce gros voisin, qui suinte un jus pestilentiel,
Me plaque contre la vitre. Au moins ai-je le soleil !
Plus loin dans le wagon - mais déjà bien trop près ! -
Beugle une mère prolifique : comment se concentrer ?

Une folle fait des va-et-vient dans le couloir,
Imposant son "parfum" comme d'autres l'encensoir.
Je n'aurais jamais dû me retrouver ici :
La grève, éternelle, en a décidé ainsi...

Des rares cheminots qui travaillent ce matin,
L'un constate tout sourire, de son mont Palatin[41],
Que ma carte annuelle - cette généreuse offrande ! -
A expiré la veille : « Veuillez signer l'amende. »

Ô Société Nationale des Chemins de Fer,
Ennemie du troupeau qui subit ton Enfer,
Puisse un jour le pouvoir, d'un élan courageux,
Vous démanteler toi, et tes gens capricieux !

Un mercredi

À la tombée de ses onze ans,
Un petit garçon, esseulé,
Traverse le centre anarchisant,
Snobant qui désire harceler.

C'est une matinée d'automne.
Devant son collège, il attend.
Risée quotidienne de la faune,
Il fait celui qui rien n'entend.

Les camarades ont quelques thèmes :
Sa coupe dépassée, ses habits...
Il porte tous les jours les mêmes,
Et ne participe aux sorties.

En vêtements il n'a de choix
Qu'un pantalon et deux chemises.
Dehors, pétrifié par le froid,
Il serre les dents quand vient la bise.

Personne ne peut le fréquenter,
C'est la victime de la récré :
Il est bizarrement fagoté ;
Tabassé, refuse de pleurer.

Ne comprenant ce qu'on lui veut,
Il s'accroche à ses résultats.
Sûrement sont-ce des envieux,
Acharnés dans leur vendetta.

Ses professeurs sont, eux, perplexes :
Cet indigent sait le latin.
Un sang-mêlé boursier qu'on laisse
Côtoyer l'engeance du gratin !

Le petit être marginal
N'a ni ami, ni amoureuse ;
Bien peu d'attaches familiales.
La solitude lui est affreuse.

Ces quelques heures d'humiliation
Prennent fin l'après-midi : il rentre,
Ne regagnant pas une maison,
Mais le neuvième cercle de Dante.[42]

Parvenu à l'appartement,
Il doit chercher chez l'épicier
Les packs de bières de sa maman :
« C'est mes affaires, gosse tracassier ! »

Ne touche-t-elle de sous pour l'enfant ?
Sur l'alcool, les tiges et les jeux,
Il retranche donc sa part de francs ;
Dépose les sacs ; se sauve, anxieux.

Il a délaissé ce décor,
Visant deux heures d'anonymat :
Les arts sont l'unique réconfort,
Et, parmi eux, le cinéma.

L'aboutissement de son périple
Est ainsi l'immense salle obscure.
Plus le film connait de disciples,
Plus celle-ci gagne en démesure !

Oh ! voici un adolescent,
Colossal, fort, l'air agressif,
Qui fera ses poches, menaçant,
S'il n'accélère son pas craintif !

Un autre lui propose à la vente
La résine qu'on fume : il connait.
L'interdit pèse sur cette plante,
Il refuse d'y plonger le nez.

Lille ! Ô Lille, cité populaire !
Laisse donc ce gentil bonhomme
Gagner la rue spectaculaire
Où nantis s'empiffrent et consomment !

Contre une pièce et un Debussy[43],
La belle guichetière lui remet
Le sésame d'une douce éclaircie.
Quelle joie de tenir ce billet !

Sur la toile il s'identifie
À des héros charismatiques :
Ils ont la gloire, ils ont les filles,
Et se jouent du destin inique !

Ces pellicules content des histoires
Qui déterminent sa résilience :
Une fois majeur il a l'espoir
De maîtriser enfin sa chance...

Et puis ce fauteuil moelleux
Est un plaisir non négligeable.
Il reste au générique, s'émeut
De redevenir misérable :

Il faut déjà s'en retourner,
D'un pas fébrile, à reculons.
Il devra approvisionner
L'homme installé dans le salon.

Du bas de l'immeuble, en effet,
Lui parviennent ses éclats de voix.
Est-ce une entrevue tarifée ?
Il faut dire qu'ici on reçoit !

Mieux vaut ne fâcher les adultes :
Il repart en quête de Muscat,
Sachant qu'arrivera la lutte ;
Impuissant, redoute le fracas.

Ceux-ci en viennent enfin aux mains.
Il s'interpose, pleure ; il supplie
L'amant de suivre son chemin :
Un nouveau devoir accompli.

Éméchée, la poule lui promet
L'endormissement sans angoisses.
Il attendra qu'elle soit calmée
Et, à l'affût des sons, grimace.

La nuit est déjà avancée
Quand le silence enfin gouverne.
Le jeudi vient de commencer :
Il se lèvera avec peine !

En fermant les yeux, il rumine ;
Otage tremblotant, carencé.
Vivement que l'enfance se termine !
Avait-elle jamais commencé ?

La loque urbaine

Un pitre sans envies dévale, pour sa vie,
Les rues pentues dont ferment les charmants bouchons[44].

Tout à coup fort bien entouré,
La pantomime d'un nervi -
Cette espèce de maigrichon ! -
L'oblige à se déposséder.

Désormais va-nu-pieds dans la cité des Gaules,
Sans un billet, sans feu pour se réconforter,
Le voici toisé par les gens de sa fortune :
Quémandant en chaussettes mouillées sous la Lune,
L'on se moque de lui : il doit se rebiffer !
Mais choit sur le pavé de la dure métropole...

Sans souvenir aucun que les présentes lignes,
Il se lève, sanglant, dans son petit studio ;
Dans le miroir brisé, se taxe d'idiot.
Pourtant, ce soir sera un autre soir indigne !

Un dernier hère

Les passants ignorent, crânement,
L'amas grossier de vêtements.
Au péril de ma souvenance,
Émane une lourde pestilence…

Je m'approche.

Voici donc un fauteuil roulant ;
Il est renversé sur le flanc.
Tout à coup, abomination :
Un unijambiste sans caleçon !

Je recule.

L'homme détrôné gît, indécent.
Son sexe, minable, déliquescent,
Macère dans l'immonde pellicule
Dont m'assaille chaque particule.

Je m'agenouille.

À l'orée du vomissement,
Je le rassure, souriant :
« Les secours seront bientôt là. »
Comprend-il ? Il ne répond pas.

Qu'il est beau ce regard où flamboie la tristesse !
Ô mendiant hagard, quelle fut ta jeunesse ?
Combien de picadors[45] t'ont déchiré la peau ?
Qu'as-tu fait de ce corps et de tes oripeaux ?

La joue contre le sol, tu sembles supplier.
Tes larmes me désolent, personnage singulier :
J'eusse voulu qu'il n'existât en notre siècle
D'individus en tels états. Qu'on te dissèque,

Et qu'on m'explique les raisons de ta déchéance !
L'amour tragique ? La déraison ? Sont-ce les créances ?
Ta chair suinte et sécrète un jaune bilirubine...
L'âme a-t-elle pris retraite, qui partout dégouline ?

Les yeux s'humectent.

Il réalise, par mon action,
L'infortune de sa position :
Malhabilement, il couvre son cul.
L'Honneur ! L'Honneur a survécu !

Je me redresse.

Maintenant que je le surplombe,
Il fixe les badauds d'un œil sombre.
C'est ça, sois un homme, camarade !
Ressaisis-toi de cette passade !

Sirènes, Ô Sirènes !

Les professionnels de l'altruisme
Prennent ma place, sans alarmisme.
« Courage ! », lui dis-je. Il s'en étonne.
Je fends la foule des autochtones.

Même rampant dans l'excrément,
Lève le menton, serre les dents.
Et si tu vis parmi les loups,
Devant le faible, ploie le genou !

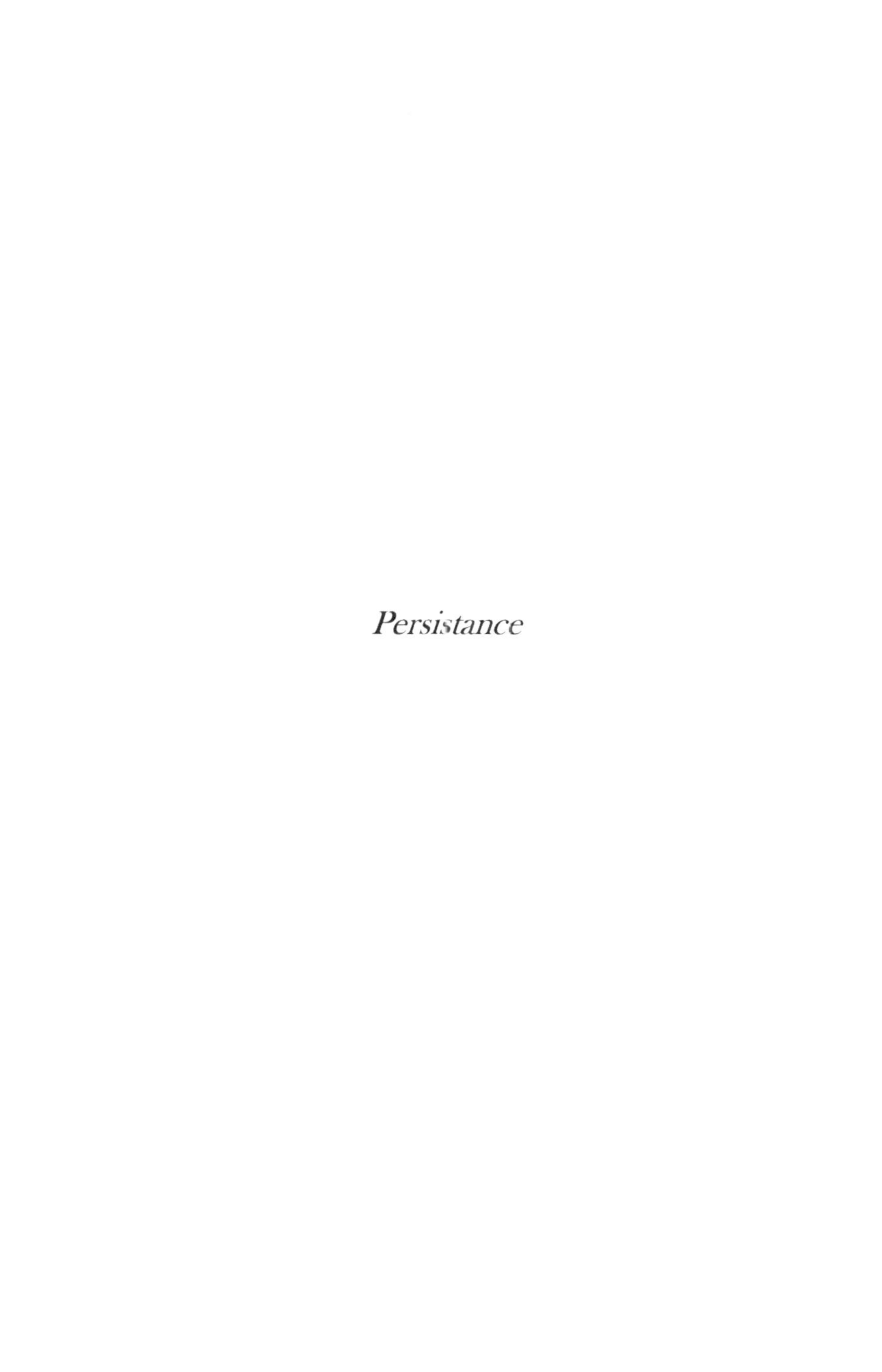

Persistance

À celle qui lit

Ô Lectrice fouineuse, Ô mon seul auditoire !
Arpente ma mémoire de tes mains baladeuses !
Bois ce savoureux verbe, enivre-toi des mots
Qui perlent du cerveau de l'écrivain en herbe !

Par la grâce de tes yeux, le cœur pachydermique
Dont tu sais la musique se réveille, soleilleux :
Tu le sens désireux de ces vers extatiques...

Ô Sultane, Ô Vénus, Ô Femme de compassion !
Mes organes sont voués à ta délectation !

Le Devoir

Un soir venteux, dans le dédale de Furiani[46],
M'apparaît, mystérieuse, au fond d'un Martini,
Une femme minuscule qui semble me connaître.
Moi je ne sais rien d'elle : peut-être perds-je la tête ?

C'est l'œil brillant et amusé que je demande
Ce que l'être élégant fait sur mes plates-bandes.
Je colle mon nez au verre. Elle a les yeux fardés,
Des fossettes sincères, et semble me gronder.

« Trentenaire depuis quelques temps, tu continues
De satisfaire son corps fort bien entretenu
Mais n'as rien engendré à cet âge avancé !
Madame ne voudrait se voir ensemencée ?

—Affalée sur ces glaçons, tu me morigènes[47] ?
Drôles de soupçons ! Je te dirai sans gêne
Les raisons du délai qui, comme toi, me désole.
Mais dis-moi qui tu es, car je crains camisole !

–Tu n'es point fou, quoique dipsomane[48] notoire…
Je suis une fée que certains hommes, sans le savoir,
Hébergent dans l'écrin écarlate et battant.
Le tien se désemplit, m'expulsant à l'instant !
Mes pairs et moi faisons des femmes vos idoles,
Dansant sur vos raisons en belles farandoles.
Le goût du féminin fait le galant parfait :
Nous avons, fées minimes, du viril triomphé !

–Ainsi suis-je squatté, dirigé et sensible,
Par la seule volonté d'une nymphe infaillible ?
Entends, Fée, l'argument que je vais dérouler.
Je m'efforcerai de ne pas débagouler[49] !
Tu sauras qu'un mouflet, selon les bons principes,
Ne doit être soufflé que d'après l'archétype
Qui mature en mon âme depuis tellement d'années
Que j'en peux réciter les règles d'un seul trait :
Il faut avoir la bourse et le métier solides,
Afin que la jeune pousse ne manque de liquide ;
Ne pas être endetté ; et posséder les murs
Où s'épanouira notre progéniture.
La dulcinée, comme son amant, doit être fiable,
Et cela prend un temps durement supportable

Pour cerner l'exogame[50] qui recevra en elle
La confiance et le germe de l'Amour éternel !
S'accorder sur l'éducation, dès à présent,
Vaudra vaccination contre le changement.
Évincer l'entourage aux mauvaises façons
Permettra le dressage serein de l'enfançon.
Procréer n'est pas jouer, l'envie doit être commune,
L'esprit doit être doué, et pas sur Pampelune[51] :
L'enfant n'est un objet, ni une obligation,
Mais un noble projet, une somme de convictions !
Apprends donc, Fée, dans ta visite à l'improviste :
Ce dessein est pensé, pas fruit d'idéalistes !
Tu me fixes désormais avec plus d'appétit :
J'espère durablement gagner ta sympathie...

—Ainsi je comprends mieux : c'est un plan au long cours.
Mais ces années sont mortes, balayées pour toujours :
Ne seras-tu un père impatient, cabossé ?
Promets-moi par exemple qu'ils ne seront rossés !

—Beauté surnaturelle, ceux que pondra ma mie,
Je jure de les traiter dignement ; j'en frémis !
Car ils recevront tout ce que je n'ai reçu ;
Et je dis que jamais ils ne seront déçus !
Je leur promets ici un avenir radieux,

Soldant mon lourd passif qui fut bien ténébreux.
Je serai ferme, mais comblerai tous leurs besoins ;
Ce ne sont balivernes, tu m'en seras témoin.

—Mais comment te vois-tu, dans la réalité,
Élever tes rejetons, cette famille convoitée ?
Les théories sont là, mais quelle est la pratique
Que tu appliqueras à tes petits loustics ?

—Eh bien, ma foi... Je leur apprendrai la lecture,
Et nous irons parfois sur la Côte d'Azur.
Ils seront heureux de retrouver ses parents,
Tandis que nous nous délasserons sur un banc.
On nous appellera souvent pour leurs bêtises,
Je ferai le méchant, et poserai les balises.
Mais tout se soldera toujours par des câlins :
L'amour seul convaincra les garnements vilains.
Je leur montrerai les rivages que je n'aurai
Pas connu à leur âge ; je les découvrirai
En même temps qu'eux, et nous nous émerveillerons
Ensemble, bienheureux dans les eaux d'un lagon.
Je respecterai leurs choix les plus insensés,
Pourvu qu'ils soient logiques, et pas influencés.
Mais que quiconque s'attaque à nos futurs marmots,
Et je ne m'accommoderai pas de gros mots !
Ils seront parfois tristes, et parfois égayés :
Je serai une épaule pour parler ou brailler.

Toute ma vie, je les flanquerai comme la Louve,[52]
Jusqu'à ce que le marbre et leurs pleurs me recouvrent.

–Des mots de bon augure, les gens vous envieront !
Me voici rassurée par tant de précisions...
Macérant dans ton cœur comme l'orange du Bischof[53],
J'ai goûté tes malheurs et craignais catastrophe.
Je te vois qui te dresse, le regard fatigué !
Sous l'effet de l'ivresse, tu sembles divaguer...
Le temps est-il venu Ô mon Hôte, mon Falace ?
Comment regagnerai-je en ton vaisseau ma place ?

–Fée je me suis levé, transcendé par l'envie,
Car je cherche ma moitié, mais autour pas de vie.
Je vais donc bramer, tel un cervidé baveux,
En déclamant le speech de l'ivrogne théâtreux !
Quant à ton inquiétude, j'ai une solution
Je vais maintenant te boire avec ma mixtion !
Charge à toi de trouver le chemin de mon cœur.
Reprends, chose couvée, la main sur mon bonheur...

–Et me voici qui glisse au fond de cette armure...
Conseiller l'indécis n'est pas une sinécure !

–Ô Femme de ma jeunesse, Mère des futurs enfants !
Entends que je te couvrirai bientôt, puissant,
Des épaules protectrices qui sont ton horizon -
Lorsque j'aurai enfin retrouvé la maison... -,
Que je t'harnacherai de ces bras intraitables,
Quand, rouge et suffoquant, dans des cris délectables,
Tes veines se gonfleront saturées de plaisir ;
Que tu te crisperas à force de jouir !
Tu mordras l'oreiller pour étouffer tes sons,
Et, dans nos draps mouillés, subiras ma leçon...
Puis ton corps malmené par la félicité
Gagnera, surmené, le repos mérité,
Et façonnera l'ange issu de la friction
Des amants vigoureux au summum du frisson !
Un ou deux petits êtres, ou un peu plus peut-être,
Que nous verrons un jour courir par la fenêtre,
Et qui te chériront, et qui pour des années
Hanteront la galerie de ton cœur passionné.
Je te fais la promesse, féconde partenaire,
Que je serai pour eux un parent exemplaire !

Pour un examen parental républicain !

Bloqué à Meaux[54], je m'abaisse à pousser les portes
D'un fast-food : l'estomac me gouverne, peu m'importe !
Personne ici ne semble avoir d'occupation,
Des femmes emballées aux turbulents garçons...
Alpha et Omega des sorties familiales,
Le royaume du burger maintient le lien filial !

Sur ma banquette, je subis les criailleries
Imposées par ceux qui ne sont que chamailleries :
En effet, derrière moi, deux mères invisibles
Renoncent à tempérer leurs gosses imbéciles.
Le plus jeune a quitté depuis peu le bas âge
Et décide de tester les bornes de l'outrage

En jetant sur ma table un ballon de football.
Adieu Ô triple viande ! Je lui rends : il rigole !
Par-dessus le siège, j'ai fait dépasser ma tête.
Les poules pondeuses m'ignorent, peut-être satisfaites...
Impunément, le mioche recommence deux lancers,
Jusqu'à ce que je laisse rouler l'objet, lassé :

Qu'une de ces dames approche, je lui dirai un mot !
Mais à la place - surprise ? – vient un demi-sumo,
Énième frère né sous le patronage de la CAF.
Sans même me saluer, cet indolent goulafre[55]
S'agenouille à mes pieds ; met la balle sous son bras ;
Se lève et puis hésite ; me fixe d'un œil gras.

Il fait alors un pas osé vers mon plateau,
Tend son membre enrobé, s'empare de mon gâteau !
Puis se fige et me nargue ; attend ma réaction,
Forçant le bon brownie à la lévitation !
Est-ce de l'inconscience ? Du culot ? Quelles manières !
Je repose mon journal, gagné par la colère,

Et menace le voleur en propos peu amènes.
Lâche comme tant de ses pairs, oubliant sa bedaine,
Il repose mon dessert et file se réfugier
Aux côtés des femmes, qui osent encore s'insurger !
Une horde se joint à eux ; leur langue m'est inconnue :
Je pars pour éviter d'autres déconvenues.

Errant inassouvi, je repense à cette scène.
L'inversion des valeurs m'écœure jusqu'à l'obscène.
J'ai connu autrefois ces milieux populaires
Où le bruit, les disputes, n'envient rien à la guerre.
L'école est assignée exclusive responsable
Des bambins malchanceux depuis le bac à sable.

Les incompétents abandonnent, dès le départ,
La mission évidente d'assumer leurs chiards.
« Papa téléphone, va jouer à ta console ! » :
Dans les taudis, les cerveaux sont sous camisoles.
Tous ces démissionnaires gavent leurs rejetons
De malbouffe, de smartphones, de belles télévisions...

Complaisants, nos caciques refusent de s'alarmer.
Les incultes font pourtant de menaçantes armées !
Nombreux ne savent lire à dix ans révolus,
Esclaves bornés de ces extensions superflues...
Greffés à leurs écrans, les idiots du futur
Baignent dans la bêtise aux relents de friture.

L'on devrait assister au mieux les gens honnêtes
Dépassés par l'évolution de leurs gamètes
Et sanctionner sans faille les perfides ennemis
De leurs propres lignées : cécité du déni !
Qu'il s'agisse de ceux qui pourrissent des idiots,
Ou des dangereux se comportant en bestiaux.

Car il est un degré ultime, dans l'infamie
De la régression parentale jamais bannie :
La maltraitance, odieuse, d'innombrables enfants.
On s'étonne de voir perdurer de tels traitements,
En ces temps de Progrès qu'on nous vante merveilleux.
Non ! À l'heure où j'écris, je reste sourcilleux...

À l'abri des regards, dans les pires des foyers,
On ligote les gamins plutôt que les choyer.
Frappés, haïs, brûlés, ils ne savent s'exprimer,
Et connaissent des retards si durs à sublimer...
Chaque objet est une arme que craint le malheureux :
Balai, fourchette, chaussure... La torture n'a pas d'yeux.

L'un d'entre eux gît par terre : « pourquoi m'a-t-on fait naître ? »
Il se tient la poitrine, voudrait que tout s'arrête.
Un autre a les dents grises : il n'a jamais appris
À se brosser les dents, qui ne sont que caries.
Invraisemblablement, en dehors de ces murs,
Rien ne transparaît des épreuves qu'ils endurent.

Des fratries complètes plongent dans l'indigence, la lie.
Parfois les aînés se rebiffent, sonnent l'hallali[56].
Les années à se taire leur pèsent sur la conscience ;
Sont-ils en vérité comptables de leur enfance ?
L'autorité abusive se sait protégée,
Du fait de l'omerta et des autorités.

S'il est un parent pauvre de l'État défaillant,
C'est bien la Protection de l'Enfance, vivotant
Avec d'obscures consignes et de maigres budgets.
Cette armée mexicaine[57], sincère et engagee,
Saisit le gâchis, mais ne peut rivaliser
Avec la masse qu'elle est censée superviser.

L'argent n'est un problème en pays socialiste :
Parmi les assistés pleuvent des payes de ministres !
Sans contrôle, l'ange n'est qu'une source de revenus,
Dilapidée en fêtes et objets farfelus.
Ces ascendants financent ainsi leurs sauteries,
En créant à la chaîne des marmots malnutris.

Avertis d'un contrôle, dans la mansuétude
Criminelle de l'administration qui élude,
Les géniteurs se muent soudain en gens parfaits,
Achètent les mineurs, passent un coup de balai...
« Tu sais que Maman t'aime, elle t'a fait un gâteau !
–Tu voulais ce jouet ? Tiens, je t'en fais cadeau... »

Crédule, le visiteur, en l'appart' Potemkine[58] !
Il prendra un café, marmonnant : « tout est clean... »
Au pire constate-t-il quelques problèmes latents,
Mais, pour agir, il lui faudrait plus d'arguments.
Sans un témoignage fiable d'un membre de la couvée,
L'enfer perdurera souvent sur des années.

Admettons que les faits remontent jusqu'aux oreilles
De procureurs pourvus depuis la maternelle :
Ils n'ont jamais vécu pareilles conditions,
Et minimisent les faits qui leurs semblent fiction !
« Quel crime que retirer à des procréateurs
La garde des braillards ! Ces milieux inférieurs

Sont juste un peu stupides : il faut les materner.
Graduons la réponse, ils vont bien se calmer ! »
Un pan de notre Enfance, voué au sacrifice,
Patauge sans horizon dans la misère, le vice,
Espérant un miracle qui ne viendra jamais,
Les tenants du pouvoir riant des opprimés.

Où poussent ces élites ? À l'opposé du spectre,
Des familles aisées prônent pour l'Infant[59] le bien-être,
Au point de devenir les pions du presque dieu
Qui les fera souffrir, rieur, à petit feu.
« Je veux » est son credo, « J'exige » sa musique,
Et on lui dit « Amen, Ô Engeance Hystérique ! »

La bienveillance confine ici au ridicule :
Les adultes sont frappés ? « Inconscients, qu'on recule !
Il a besoin d'espace, et doit s'épanouir...
—Pardonne Papa d'avoir osé te faire subir,
Dans un accès, terrible, d'extrême violence,
Une phrase impatiente ; pire : une remontrance !

Pitié stoppe donc ces coups sur ta gentille Maman !
Aïe, non ! Pas les cheveux ! » Quotidien affolant
De ceux qui, malgré leurs prospères situations,
Se laissent gagner par la culpabilisation,
Influencés, drogués aux nouvelles théories
Fourguées par nos modernes charlatans ahuris.

Les matrones aux egos trempés, démesurés,
Persuadées de l'exception de leur ventrée,
S'accommodent des idées qui feront l'enfant roi :
Unique et surdoué, qu'il applique sa Loi !
On leur fournit les termes nouveaux qui les rassurent,
Censés impressionner au salon de coiffure.

Le tyran incompris va voir des spécialistes
Qui encaissent les euros en trop des pacifistes.
Après moult termes techniques et autant d'examens,
Ils prennent un air sérieux et se joignent les mains :
« Quelle est la solution, détenteur du Savoir ?
—A-t-on déjà dit non au môme salopard ?

—Mais la méthode Untel défend d'utiliser
La frustration qui pourrait le martyriser !
Sans contrainte et heureux, il peut tout se permettre.
Ce bout de chou est très souvent capricieux, certes...
Nous sommes dans notre droit et ne comptons changer :
Vous êtes rétribué, à vous de l'arranger ! »

Pléthore de diablotins reproduisent *in fine*
La pensée projetée de ces parents bien nés :
À s'estimer supérieurs à leurs congénères,
Les couples obstinés acceptent sans colère
Les vifs accès d'humeur de leurs prolongements...
Qui se brûleront les ailes, inéluctablement.

Car les privilégiés apprennent, dès le berceau,
À moquer leur prochain : français moyens, voire sots...
Tous leurs problèmes étant résolus par des chèques,
Ils glissent sur autrui sans connaître l'échec,
Jusqu'aux inexorables épreuves de la vie
Qui anéantiront l'orgueil sans préavis.

Ces prédateurs sociaux obtiennent les postes clefs,
Mais, à force de tendresse, leur cuir n'est point épais.
Soumis aux drames privés, aux difficiles affaires,
Combien se vengeront sur des boucs-émissaires,
Serrant de rage les dents ainsi qu'en leur jeunesse ;
Harcèleront sous-fifres, compagnons et maîtresses ?

Ne peut-on inculquer à ces gens le respect
Dû aux compatriotes de la même équipée ?
La crème proclamée de notre civilisation
Devrait nous inspirer... Se remettre en question !
À ces inadaptés, rappelons l'essentiel :
Être du bon côté n'est jamais éternel !

Cher Lecteur ces exemples sont, on le sait, légion.
Tous nos maux ont une source, nommée Éducation.
Sommes-nous réellement le camp civilisé ?
La décadence se perpétue, autorisée,
Et si rien n'est tenté pour les hommes de demain,
Nous aurons mérité le destin des Romains.

Pourra-t-on se satisfaire de moutons incultes
Dans la compétition mondiale, devenue lutte ?
Tous les traumatisés ne sont-ils un danger,
Amas de métastases en nos terres morcelées ?
Que dire des sociopathes élevés tout-puissants,
Promis à manager en despotes oppressants !

Puisque l'État peut tant au pays névrosé,
Qu'il plaise aux politiques endormis d'imposer
L'examen parental pour les futures naissances ;
Rediriger les sous vers les mioches en souffrance ;
Appliquer les sanctions avec acharnement !
Qu'enfin tarissent ces fleuves de dysfonctionnements !

Ne se vit qu'une fois

On ne sut ni l'odeur des cheveux de satin
Ni la texture du corps qui porta son destin

Ni le goût
De sa chair

Ni ses formes ni son pouls
L'on se souvient amer

De ses
Deux

Yeux
Doux

Couleur du soir

Un pérégrin convulse, le sang envenimé.
Somme toute assimilé
Par la boue,
De laquelle émergent
Moult surmulots.

Sur leurs capots, des ombres
Appuyées
Fixent le naufragé
Urbain.
Le velours des gyrophares s'agglomère à
La peau,
Dans le cérémonial de la troupe qui s'affaire.
Ultime, paisible carnation.
Il s'en va le visage
Tout
Bleu.

Aux fenêtres des pierres
Tombales de circonstance,
On immortalise le spectacle.
Puis les pompiers remballent,
Et les badauds repartent.

La capitale ne manque
De ce genre d'attractions...

Ton médaillon pendouille :
Tu seras mieux là-haut.

Exigences

« Poète atrabilaire[60], ne pourrais-tu
Peinturlurer le Laid pour les lecteurs obtus ? »

L'Espoir et la Beauté brûlent ces lignes.
Ôte voir ces œillères, toi que je crus maline !

Du crépuscule à l'aube ?

De mon cube lyonnais j'observe le pays,
Et blâme l'araignée qui me désobéit :
Les moucherons infestent l'unique pièce à vivre !
J'écris ce manifeste comme je deviens ivre...

Contempteur de l'époque en groupie de Caton[61],
Lorgnant sur l'étiquette du cubi en carton,
Je voudrais évoquer, un peu désemparé,
Des raisons de tiquer dans ce monde égaré :

Trentenaires vieillissants, la relève nous rejette.
Insouciants, débonnaires, nous faisant exégètes[62]
De nos années passées, forcément merveilleuses,
Nous voici effacés par une jeunesse hargneuse !

Nous lisions des bouquins, ces jeunots articulent
Malaisément, hautains, quelques mots ; incrédules
À l'idée qu'il y eut naguère dans les salons,
Sur ces étagères nues, des livres à foison !

Qu'il est malsain, le temps des bambins « éveillés » !
Cet essaim sanglotant enclin à raviver
Pensées totalitaires, ségrégation, racisme...
Fossoyeurs délétères du républicanisme !

La bande, hystérique, infectée dès le landau,
Brandit ses inepties pareilles à des flambeaux...
Mais ce n'est pas qu'une mode de jeunes gens gâtés,
Ce serait commode : tout le peuple est fragmenté.

Nous qui étions si fiers du pays de cocagne
Sentons poindre l'hiver des conflits qui nous gagnent :
Observez les augures dans toute la Nation !
Qui des doux ou des durs gagnera l'opinion ?

La République devient un archipel mêlant
Les suppliques de toutes les minorités bêlantes :
Chacun veut son moment de victimisation ;
Et s'en va, divisant la foule en mille factions...

L'humour, l'égalité, le vœu de vivre-ensemble :
Ce sont nos libertés que ces envieux étranglent !
Ils se lamentent, ils établissent des barricades,
Et l'empoigne supplante la paisible engueulade.

Qu'il est aisé d'harceler le patriarcat
Qui, isolé, de la planète se démarqua
En abolissant le premier l'esclavagisme ;
Et, agaçant les femmes, permit le féminisme !

Les invertis ne vivent sereins qu'en Occident ;
Les pieux, les convertis, toutes les ouailles d'Adam...
Tous se croisent dans nos villes, égaux dans les quartiers ;
Ils ne se toisaient, ni ne se différenciaient !

Mais, bien que légitimes, les querelles révolues
Ressuscitent, byzantines, en désirs farfelus.
Nos sociétés paraissent ne pas se satisfaire
De paix et d'allégresse : toujours, toujours la guerre !

D'éclairés à illuminés, certains ont donc
Basculé par milliers, entreprenant quiconque
Ne raisonne comme eux. La concorde est leur proie !
Et l'État comateux se borne à plus de droits...

Doit-on courber l'échine et tendre le bâton
À des analphabètes qui pourfendent Platon ?
Leur rétrograde venin gâte à mauvais escient
Les Grecs et les Romains les statues lactescentes[63]...

Ils vouent aux gémonies[64] un charmant patrimoine,
À l'instar des manies des Allemands pyromanes ;
Ils pensent l'Antiquité à l'aune du présent,
Et voudraient expier nos « fautes » en nous lésant !

Le genre et la couleur, l'ethnie, la religion,
Sont, de nouveau, marqueurs dans cette régression...
Il faut tuer dans l'œuf ces combats importés ;
S'évertuer à ne pas se faire emporter !

Ô derniers congénères dont le printemps s'achève !
Dressons nos grises matières supérieures à ces glaives :
Ferraillons par le verbe contre l'idiocratie ;
Ou ils tueront, acerbes, notre démocratie !

Car n'a-t-on pas appris, en nos temps infantiles,
Que l'homme protège la femme ; leurs enfants sont dociles ?
Qu'il n'y a pas de races, mais des concitoyens ?
Peu chaut l'orientation : nous sommes tous humains !

Ne nous a-t-on pas dit : « Tu te sacrifieras
Pour les faibles, les pauvres, et tu obéiras
À toute autorité, du père à la Nation :
Car ainsi se construit la civilisation » ?

L'Histoire n'est que mouvements, en vagues identiques.

Et l'humain fulminant la poursuit, amnésique...

Citoyens mes Amis, mes Amours, ma Patrie...

Refusons l'accalmie face à l'idolâtrie !

Symbiose

Au bout de ce chemin, étincelante, limpide,
La source de l'Humain m'attire comme elle me vide.
Quel pouvoir absolu ! Quel plaisir affolant !
Plaignons qui n'a connu ces entrailles accueillantes !

On s'y repaît ; parfois, on s'attarde, mécanique ;
On susurre à l'oreille du démon angélique...
Puis vient l'interruption : deux corps inanimés.
Une réelle conception, ou n'était-ce que mimé ?

Douce est la certitude des amants débraillés
Qui bravent leur finitude, couchés sur le cahier
Où s'écrit l'avenir de leur progéniture :
Un lit, quelques soupirs, et d'étranges postures !

La délicieuse Maîtresse somnole désormais,
Confiante en sa matrice ; sûre de ses jeunes années.
J'enveloppe son sein d'une main délicate ;
Puisse notre destin s'accomplir en cet acte.

Repos mérités

Il faut tenir la nuit, et comme je tiens je pense
À certaines endormies en six recoins de France.
L'une en ses draps, béate, porteuse de l'embryon,
Nous donnera bientôt une fille ou un garçon.

En-deçà des paupières se reposent les billes
Dont le bleu gris polaire se fend de deux pupilles.
D'autres partagent mon sang et m'ont promu tonton !
Est-ce l'âge qui inspire la course aux rejetons ?

Je songe à l'inconnue dont les cheveux ondulent ;
À son air ingénu passé le crépuscule.
Depuis peu, chez Morphée, son cœur bat les secondes.
Mais l'enfant la réclame : elle se lève, furibonde !

Enfin, j'ai mes entrées là où les miens s'entassent :
Une sinistre cité, boueuse en sa surface.
On y trouve nos mères qui ne l'ont plus été
Et redeviennent poussière, en vers ingurgitées.

Dormez paisibles Mesdames, le somme m'est défendu !

Déployez vos phantasmes en ces temps suspendus !

En humble spectateur de vos ataraxies[65],

J'ai traversé ces heures, et le jour balbutie.

Une libérale

L'été est étouffant ; ce soir, humbles et crésus
Foulent la Promenade : un baroque consensus !
Fasciné par la Lune de sang, j'ai négligé
Qu'une fille peu commune m'observe en coin, figée.

Des volutes gris-menthol nimbent ce dur faciès ;
Provocantes auréoles qui priment la hardiesse !
Le regard ne ment pas : c'est une gourgandine[66].
« Bavardons ! Est-ce là une présence anodine ?

—Cela fait vingt-cinq ans que je fais ce travail.
—Mais vous n'avez pas tant ? —Trente-quatre ! » Elle s'égaye,
Encline à papoter : je la laisse poursuivre,
Curieux de l'épopée de celle qui se livre.

« Aux prémices des neuf ans, dès que j'ai eu des formes.
Ma première maquerelle, ce fut ma mère. – Infâme !
—Certes ! Mais depuis un temps, je besogne pour moi.
Je m'offre, je me vends ; c'est maintenant un choix...

—D’où proviennent cet accent et cette mine robuste ?
—Une moitié Roumaine, une autre Biélorusse.
Ces contrées corrompues ne laissent d’échappatoire...
Policiers et élus ne se lassent de pourboires !

Ici, plus personne n’a su me déposséder.
Me gardant de l’aumône, de bonnes âmes m’ont aidée
À trouver un foyer - un logement décent -.
Libre et seule, vous voyez, c’est une renaissance !

On m’a fait intégrer une boutique solidaire
Qui brade pour les lésés des biens alimentaires.
Rien de mirobolant : de la mise en rayon.
À l’instar des clients, je compte les picaillons !

Parfois je dispose donc, en rente parallèle,
Des hommes au diapason de mes atouts charnels.
—Votre âme libère des mots plus sages que votre corps...
S’émanciper des macs ne dut être indolore ? »

L’épaisse chevelure brune s’agite, puis elle répond :
« Que ces gens m’importunent, mes amis les tueront !
Mon entourage est craint ; ma peur ? Évaporée.
Ma rage et mon dédain les feraient enterrer !

L'un m'avait épousée ; ce mari idéal
Me remit dans la rue comme on sort l'animal...
Dorénavant, sereine, je remplis ma besace.
J'ai trimé, cette semaine : ce soir je me délasse ;

Flânant sous les palmiers, pareille aux autres femmes !
—Ainsi vous vadrouillez ? Quel somptueux quidam ! »
Nos quatre yeux espiègles se fixent désormais.
« Oh, oui, je me promène ; mais... on ne sait jamais ! »

Pont

Concorde ? Tu n'en as que le nom !
La foule vient te piétiner.
Nous sommes mille ans de divisions...
Ô Concorde cesse de t'obstiner !

Préscience

Le troisième jour des ides[67], un concept a couru
Ces yeux extralucides : ton Âme m'est apparue.
J'ai perçu cet accueil parmi l'humanité
En fixant notre aïeule, que j'avais visitée !

Seize semaines nous séparent, mais, dans le ventre rond,
Je sais dorénavant que tu mérites un nom.
Pierre, André, Nicolas ! Hommage à l'œuvre[68], sublime,
Au regard de laquelle ce recueil est infime...

Un soleil a plongé : enfin je vous rejoins,
Pour glisser mes phalanges sur le bidon conjoint ;
Le caresser, expert, avec satisfaction.
Tu as chuté sur Terre, mon céleste garçon !

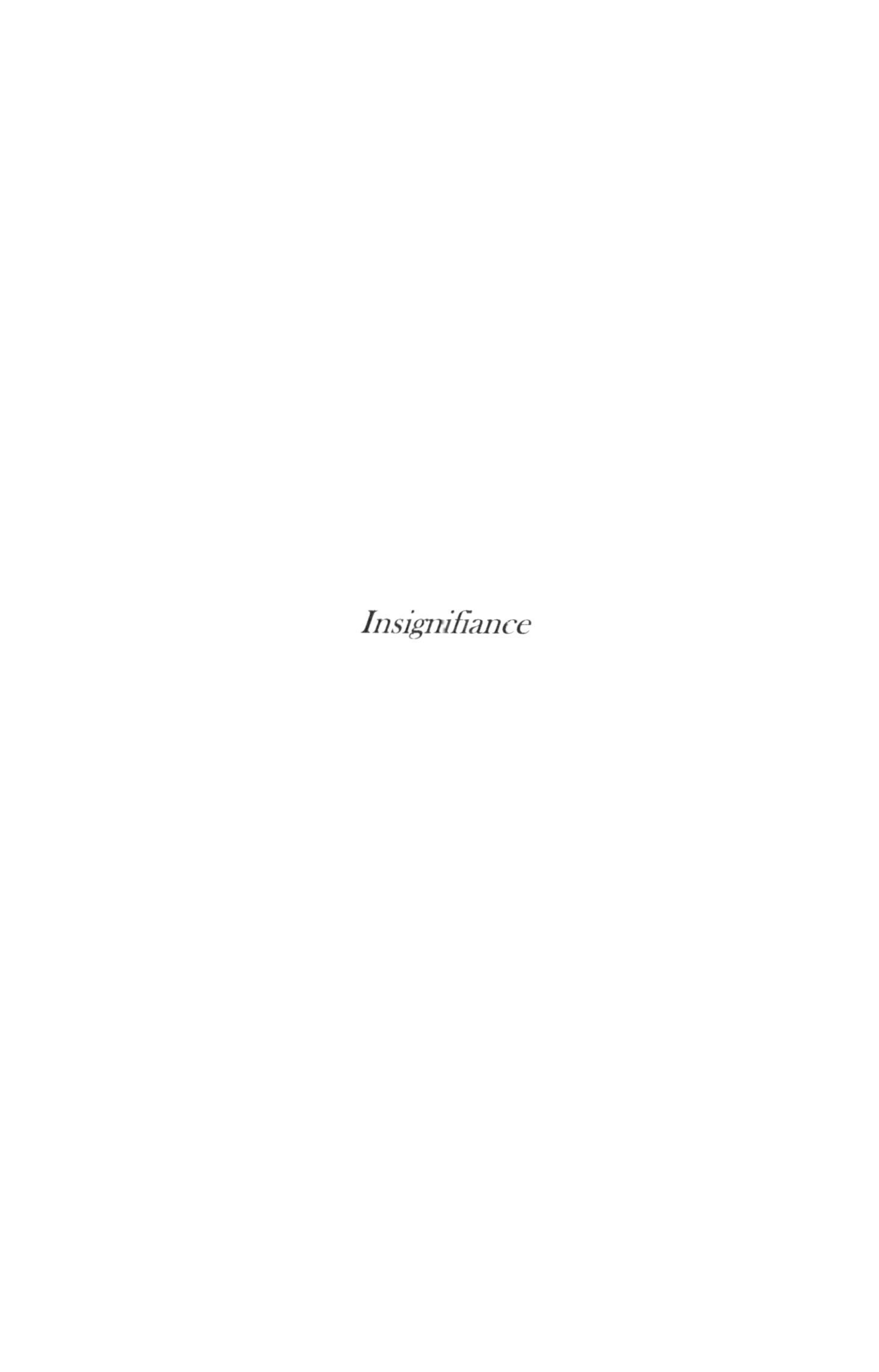

Insignifiance

Pour qui, chaque jour, doit souffrir la Beauté ! »

Derrière le coton de ce masque chinois,
Se terre, cantonné, un bien chaste minois !
Sous le joug du regard miséricordieux,
La moue placide, invisible à ses yeux,
Suinte de mots attentionnés.

Mais l'homme mal intentionné
Dénude, filou, d'un œil morne et bovin,
La dame filiforme : un mètre quatre-vingts !
Elle, dans ses oripeaux si délicats ; diaphanes ;
Refuse le combat du piètre érotomane[69] :

« Cessez ce jeu infect, client facétieux !
Cessez, je vous en prie - au risque de l'adieu -,
Vos pitreries vouées par nature à l'échec !
Le livre grand ouvert de votre affect
Se désagrège, inusité...

–Récoltant donc l'hostilité,
Je m'en irai tantôt les pieds devant
Plutôt que dévoiler, Ô Succube[70] charmant,
Que l'âme se flétrit de votre inanité ;
Qu'il n'est aucun refuge, aucune pitié

Couple moderne

Détendu et placide, sous la charge de mon bras,
Il t'est bien difficile de t'échapper des draps.
Caressé, le tissu de ta peau vire au sale :
Suintant de tous mes sucs, je redeviens bestial...

Tu es souple et me sens gonfler insolemment ;
Il fait sombre ! Dans quel sens es-tu exactement ?
Bravant, dur et avide, la quiétude qui s'éloigne,
Je bave sur ta viande attendrie par ma poigne.

Savoureux, ces instants contre ton flanc textile...
En position fœtale on me croirait docile !
Qui sait à quelles rêveries je peux bien m'adonner,
Comme finit la nuit et point la matinée ?

Cher et doux compagnon ! Accueille-moi qui perce
L'envers que je suppose être une paire de fesses !
Mon fidèle Polochon ! Esclave du célibat...
Ce n'en est pas encore fini de nos ébats...

Une merveilleuse défaite

Je gagne irrésistiblement
Les profondeurs de tes yeux verts.
Noyé, avide du gisement
De la beauté luminifère.

Tu sondes mes iris terreuses -
Ces attributs insignifiants -
Et déniches, Âme silencieuse,
Mon cœur battu se liquéfiant.

Je peux m'abandonner à toi :
La résistance serait vaine.
L'homme maudit ne fait pas le poids
Face à la Femme souveraine.

Digues

Cèdent les digues de nos âmes
Fusionnent nos sourires
Amie dans l'amalgame
Je veux entendre tes soupirs

Pissenlit

Infimes graines, intrépides, ballottées par le vent…
Le liondent dit hispide colonise doucement
Nos trottoirs défoncés, nos rues à l'abandon.
C'est aussi le succès du travail des bourdons !

La fleur sourd des parcelles de béton, anodine.
Humble plante, éternelle, qui ne paie pas de mine ;
En mars éclatent son jaune et ses feuilles crépues ;
On la cueille à l'automne sur le sol corrompu.

La divinité

Sur l'océan châtain de filins et de crins,
Navigue le visage bon et féminin
De la grâce sans nom, sans artifice aucun.
Notre faciès hideux fait figure de nain !

Bienveillante Divinité ! Accorde
À ton goulu obligé qu'il te morde
Au cerveau, et déguste le bonheur
Dont tu débordes devant nos malheurs !

Tes yeux brillent mais ne perlent pas :
Le sort de l'humain t'indiffère.
Tu le détournes du trépas,
Guéri des pensées mortifères !

Puis t'en vas retrouver
Le foyer fastueux :
Cette famille rêvée,
Où tous ont beaux cheveux !

Lève les yeux !

Flânons dans la rue commerçante,
Parmi les dépensiers nigauds.
Mon grand nez pointe vers le haut :
L'architecture est saisissante !

Piétons pareils à du bétail
Obnubilé par ses emplettes...
Les vaines futilités empiètent
Sur ces façades en pierres de taille !

Ô Patrimoine considérable,
Fruit du génie de nos aînés !
Tu déchagrines mes journées
De tes formes imperturbables...

Fantoccio

Le fantoche, animé par son amour des autres,
Est pourtant mal-aimé : le voici qui se vautre,
Adulant, solitaire, une céleste poupée
Qui flotte dans l'éther, contestant son toupet.

« Crois-tu, falot pantin, que je sois accessible ?
Nos mondes divergents jamais ne se croiseront.
Ton funeste destin ne me laisse insensible ;
Mais que gronde ma gent et nous disparaîtrons !

–Statue de porcelaine dotée de la Raison !
Toi qui, imperturbable, domine de là-haut,
Cathartique et sereine les hommes au diapason.
Pourquoi, Ô ma semblable ? Pourquoi d'horribles mots ?

–Cette place en l'azur je l'ai durement gagnée
Tandis que tu errais en bas à te morfondre,
Sagace et immature bout de bois renfrogné !
Finis cette logorrhée[71] tant que je peux répondre !

—Ce piédestal te sied, je ne le nierai pas.
Mais j'espère en chemin que tu condescendras,
Vestale courroucée, à me joindre ici-bas :
Seul parmi les humains, Seul ! Ce sort est ingrat... »

D'autres poupées se mêlent au dialogue de sourds.
Elles moquent le pantin : « Tu ne peux lui parler,
Quelles façons informelles ! Retourne à tes faubourgs,
Insignifiant mutin ! Que ce fantoche est laid !

—Regardez-le trébucher sur ses propres fils.
Cette chose inférieure voudrait te côtoyer ?
Ne va pas t'enticher, jeune amie xénophile,
De ce jouet crieur. Cesse de nous ennuyer ! »

La poupée, hésitante, referme le rideau
De la nuit scintillante : il n'est plus son fardeau.
Le pantin, sanglotant, part trouver un endroit
Où, le matin naissant, on le découvrira.

Striures inaccessibles

Ces belles et longues traînées flavescentes[72], éthérées,
Accablent la noirceur qui s'empare du sol...
Captif du crépuscule j'en deviens atterré :
Je voudrais moi aussi être de ceux qui volent !

Mais nous sommes conçus pour le plancher des vaches.
On y porte chaussures et nos petons travaillent
Sous la supervision des oiseaux qui, bravaches,
Nous apostrophent : ils moquent la bipède piétaille.

Nous n'allons donc en l'air, ça c'est pour les patrons
Qui migrent, enjambant continents et humains.
Ces colons de l'éther nous snobent en escadrons ;
Hautains mais tributaires de nos croûtons de pain !

Souvenons-nous des pigeons intrépides, aux heures
De la sordide Guerre : ils narguaient eux aussi
Les trouffions empêtrés dans la boue et la peur...
Qu'on dût envier au front cette suprématie !

Des phantasmes abrégés par l'éclat d'un obus.
Apollinaire le sait, qui vit la mort s'abattre[73]
Telle la pluie, et l'avion étrenner ses débuts.
Elles sont loin les prémices de la Science opiniâtre !

Aujourd'hui le pilote va plus haut que le piaf.
On moissonne son prochain par fusées et par drones :
À nouvelles munitions, similaires épitaphes !
Et les démunis sont les mêmes plastrons aphones...

Il faut croire que le ciel toujours ramassera
Pour ou contre leur gré les hommes à la pelle.
Sous cette masse infinie, chacun acquiescera :
L'immensité fascine comme effraie les mortels.

Parmi la foule, cloué au globe dans l'indigence,
Ni riche, ni touriste, ni bien sûr néornithe[74],
Je convoite impuissant cette magnificence...
Un jour je glisserai enfin sur le zénith !

Le banc

Une nuit que je ronflais, un peu trop aviné,
Ma conscience se transporta dans le royaume
Qui accueille les prédécesseurs déracinés
Du jardin inhospitalier où poussent les hommes.

Libre de mes mouvements, j'évoluais, curieux,
Dans un songe radieux : un souvenir de môme.
Je reconnus un banc devant son arbre creux :
J'y avais dit adieu à Papa un automne.

Assis sur le granit, le spectre contemplatif
S'aperçut que son fils jouait les parasites.
Il se leva, hostile à ma présence, hâtif ;
Au lieu de ses yeux vifs, je mirai des orbites…

« Comment m'as-tu trouvé ? » Oh, cette voix familière !
« Je ne peux dire, mon père ; nous semblons bien rêver. »
Mais, délivré du lien qui nous unit naguère,
Il me snobait, austère, et j'en étais navré.

Les questions en suspens d'une famille chambardée
Ne seraient abordées, même dans cette dimension...
Je pris donc sans façon congé de mon *Padre*
Et mis un terme, blasé, à ma triste incursion.

Je m'éveille en sueur et devine, tout prêt,
L'inquiétante présence d'un semblant de suaire...
Jamais plus je ne quitterai ce lit, prostré,
Pareil à la dépouille assise de mon père !

C'est bientôt fini !

Je termine d'exister. Mourir à cinquante ans ?
Un bon Poète ne craint l'ouvrage de la Nature...
Les hommes de qualité durent ici peu de temps.
Moins encore dans l'écrin à la forte ossature !

Limites

Je m'efface, enfin sage. Adieu, mes congénères...
Un voile mortuaire me caresse le visage !
On n'y lit point la rage ; pas même la colère
De laisser solitaire celle qui entre en veuvage.

Exempt de toute contrainte, je snobe la gravité.
Regardez-moi flotter et cessez vos complaintes !
Éprouvez-vous la crainte de ne ressusciter ?
Déjà vous me quittez : l'amertume fut succincte !

Plus rien ne nous rattache, Ô Sphère de ma naissance !
Je reconnais la France et le plancher des vaches ;
Les vies que l'on arrache à force de souffrances ;
Les impossibles enfances ; les catins qui cravachent.

Dans le sol : les millions de cadavres ennemis,
Que survolent, insoumis, les piafs en tourbillons.
J'observe le roupillon des fonctionnaires fourmis ;
Il en grouille tant parmi la foule sans ambition !

Des migrants revendiquent une part du gâteau :
Je les vois qui paniquent comme coulent leurs bateaux !
Bien loin de Notre Mer[75], les rentiers font du ski ;
La main-d'œuvre saisonnière se contente du smic.

En nos villes hideuses, les délicieuses femmes
Pénètrent, hasardeuses, les bouches infâmes
Des métropolitains. Vous seules me manquerez,
Ravines de nos festins ! Ô Sources énamourées !

Pour la dernière fois, j'entends monter l'humeur
De qui donne de la voix pour un monde meilleur :
Contre la fatalité, marchant main dans la main,
Parents et révoltés font le peuple de demain.

Tous foncent dans l'éther et ne sont bientôt plus
Qu'une petite tache claire dans la noire étendue :
Le caillou habité glisse à travers la nuit.
À moi la Voie Lactée, l'Univers infini !

Filez donc, genre humain ! Bazardez ma carcasse !
Je soumets mon destin aux règles de l'Espace ;
Nous savons qu'elles permettent de surpasser nos corps.
Il y a tant qu'un Poète peut découvrir encore !

Esprit dédouané de son vaisseau étroit,
Je m'étire en années-lumière puissance trois.
Mesurons le volume de ce que j'ai été :
Cent mille milliards de Lunes n'en comblent la moitié !

Désormais, Tout est accessible ;
Je miroite une première cible :
En expirant la vie affreuse,
M'est apparue une Nébuleuse
Qui déploya - vision mystique ! -
Son envergure énigmatique.

J'en discernai la forme d'une aigle :
Le bec, les serres ; d'immenses ailes.
Nichée dans sa constellation,
À portée d'une Visitation...
J'épie, en impudent vandale,
La belle pouponnière d'étoiles,

Et m'apprête à m'y engouffrer...
Mais l'intention est déchiffrée
Par l'audacieuse, qui m'intercepte.
Si c'est un piège, il fait recette :
De près, j'aperçois ses victimes,
Dépecées au fond d'un abîme.

Le point final me pend au nez...
Elle me livre à ses nouveau-nés :
Des astres avides de croissance !

« L'âme renonce à sa consistance,
Condamnée à la dilution
Pour péché de profanation. »

La Mort
Nageons dans la Mort
Et
Renaissons

INDEX

[1] *Argot* : camion.
[2] Manuel d'exercices pour écoliers.
[3] Pétrichor : liquide huileux issu des plantes, qui se répand après le passage de la pluie et lui donne ainsi une odeur caractéristique.
[4] *Nord* : cour intérieure commune à plusieurs maisons, typique des vieux quartiers ouvriers.
[5] *Nord ; argot* : serpillère.
[6] *Nord* : fête foraine.
[7] Hovercraft : aéroglisseur qui assurait des liaisons entre la France et l'Angleterre jusqu'en l'an 2000.
[8] *Italien* : diminutif de *capodecina.* Grade élevé - mais intermédiaire - parmi les *mafiosi* siciliens.
[9] *Expression* : rentrer chez soi (voir point 21).
[10] *Cuisine ; Nord/Belgique* : ragoût simple à cuisiner, et surtout économe !
[11]Billes, disques en carton et osselets : jeux de cours de récré dans les années 90.
[12] *Mythologie* : divinité faisant pleuvoir l'argent sans réclamer de sacrifices.
[13] *Folklore* : le jet de harengs est une tradition du carnaval de Dunkerque.
[14] Potentat : despote, tyran.
[15] Les associations caritatives françaises reçoivent également de l'argent de l'U.E au titre de la solidarité européenne.
[16] Station de métro à Villeurbanne (métropole de Lyon).
[17] Couleur dépassée mais prisée des citadins.
[18] *Drogues* : dérivé de la cocaïne, le crack se présente sous la forme de cailloux qui s'inhalent grâce à une pipe.
[19] Dynastie berbère du XIème siècle.
[20] Ville textile et ouvrière du Nord.
[21] *Mythologie* : Les Pénates sont les dieux romains protecteurs du foyer.
[22] *Provence* : Murs de retenue donnant aux collines l'aspect d'escaliers. L'utilité originelle était de maximiser la surface de culture agricole sur des terrains très pentus.
[23] *Provence* : Femmes caricaturales des milieux populaires de Marseille et des environs.
[24] Gapeau : fleuve du département du Var.
[25] Perséides : pluie d'étoiles filantes, visible de la mi-juillet à la fin août.
[26] Mésosphère : troisième couche de l'atmosphère.
[27] Civelle : larve d'anguille. Espèce menacée.
[28]*Botanique* : Champignons hallucinogènes.
[29] *Expression* : Loi dure, implacable, l'airain signifiant le bronze.
[30] Hittites : royaume contemporain de celui des Égyptiens, situé en Anatolie (actuelle Turquie).
[31] Hannibal Barca : général Carthaginois ayant constitué une menace existentielle pour Rome.
[32] La bataille des champs catalauniques est une victoire des romains sur Attila.
[33] Rollon : viking converti au christianisme. Considéré comme le premier duc de Normandie.
[34] Napoléon.

[35] Passchendaele : bataille de la Première Guerre Mondiale, particulièrement meurtrière pour les Britanniques et les Allemands.
[36] *Art* : Gisant exposé au Louvre. Représente l'Amiral de France Philippe Chabot accoudé confortablement.
[37] Fourvière : colline lyonnaise surmontée d'une basilique du XIXème siècle.
[38] Désigne le ministère de l'Économie et des Finances, situé dans le quartier de Bercy, à Paris.
[39] Pyrgi est un beau village médiéval grec, situé sur l'île de Chios. Beyrouth est la capitale du Liban.
[40] Hyalin : transparent comme le verre.
[41] Mont Palatin : colline de Rome. Les empereurs y faisaient construire leurs demeures ; c'est l'origine du mot « palais ».
[42] Dans la *Divine Comédie*, Dante divise l'Enfer en neuf cercles, dans lesquels les hommes se répartissent en fonction du péché associé à leur vie. Le neuvième cercle est ainsi celui de la trahison. Ceux qui ont trahi leur famille y sont spécifiquement plongés dans la glace jusqu'au cou.
[43] Billet de vingt francs représentant le compositeur Claude Debussy.
[44] Bouchon : restaurant traditionnel lyonnais.
[45] Picador : cavalier qui fatigue le taureau avec sa pique lors des corridas.
[46] Furiani est une petite ville corse dans la banlieue de Bastia.
[47] Morigéner : réprimander, sermonner.
[48] *Médecine* : le dipsomane a le besoin irrépressible de surconsommer de l'alcool lors de crises ponctuelles.
[49] Débagouler : parler sans interruption, vomir un flot de paroles.
[50] Exogame : femme qui se marie avec un homme issu d'un milieu ou d'une ethnie différente.
[51] Selon une expression désuète, Pampelune-derrière-la-Lune est une ville située sur la face cachée de notre satellite. Y habitent ceux qui ont la tête bien au-delà des nuages !
[52] *Mythologie* : selon la légende de Romulus et Rémus, fondateurs de Rome, ceux-ci auraient été abandonnés bébés, puis recueillis et allaités par une louve.
[53] *Allemand* : littéralement, « évêque ». Infusion d'écorce d'oranges amères dans du vin sucré.
[54] Meaux : commune de Seine-et-Marne.
[55] *Nord* : goinfre.
[56] Hallali : à la chasse, cri ou son du cor annonçant que la bête traquée peut être achevée. Au sens figuré, expression signifiant que l'on appelle à la défaite totale et imminente d'un adversaire.
[57] *Expression* : l'armée révolutionnaire mexicaine de 1910 comportait un trop grand nombre d'officiers, ce qui rendait son commandement cacophonique.
[58] *Expression* : un « village Potemkine » est un décor destiné à tromper un visiteur sur la réalité d'une situation. Ce favori de Catherine II y a été associé vers 1787, vraisemblablement à des fins de propagande, mais l'expression a perduré.
[59] Infant : terme désignant les enfants héritiers du Roi d'Espagne. Ne s'applique pas à l'héritier direct du trône, qui porte le titre de Prince des Asturies.
[60] Atrabilaire : irritable, colérique, mélancolique.
[61] Caton l'Ancien, dit Le Censeur. Homme politique conservateur de la Rome antique, réputé pour sa rigueur et son austérité.

[62] Exégète : qui a la compétence pour interpréter dans leur intégralité des textes sacrés, une doctrine, une pensée.
[63] Lactescentes : blanches comme le lait.
[64] Vouer aux gémonies : critiquer très durement sur la place publique.
[65] Ataraxie : sérénité totale de l'âme ; quiétude.
[66] Gourgandine : femme facile. Trop facile ?
[67] Dans le calendrier romain, les ides étaient le nom donné au jour médian du mois. Selon la longueur de celui-ci, il s'agissait du 13 ou du 15.
[68] *La Guerre et la Paix*, de Léon Tolstoï.
[69] Érotomane : individu délirant qui se persuade à tort que son interlocutrice le désire, qu'il est irrésistible.
[70] Succube : démon prenant les traits d'une femme pour profiter sexuellement des hommes. Dans le cas inverse, on parle alors d'incube.
[71] Logorrhée : flot intarissable de paroles.
[72] Flavescent : se dit d'une couleur d'un jaune brillant et doré.
[73] Guillaume Apollinaire fut soldat pendant la Grande Guerre. Blessé par un éclat d'obus en 1916, il meurt de la grippe espagnole deux jours avant l'armistice de 1918. Sa poésie atteint son *summum* dans les tranchées (*Calligrammes*).
[74] *Zoologie* : oiseau.
[75] *Du latin Mare Nostrum* : à leur apogée, les Romains considéraient la Méditerranée comme leur mer intérieure.

Table

contact@maellefrancois.com
https://maellefrancois.com

Dépôt légal juillet 2023